Einsterns Schwester

3

Themenheft 1

Sprachgebrauch und Sprache untersuchen und reflektieren

Herausgegeben von
Roland Bauer, Jutta Maurach

Erarbeitet von
Annette Schumpp, Jutta Sorg

Cornelsen

Inhaltsverzeichnis

So kannst du mit den Heften arbeiten

Du machst alle Seiten der Lernportion 1.

Zuerst im grünen Heft.	Dann im roten Heft.	Dann im gelben Heft.	Und dann im blauen Heft.

Danach machst du in allen Heften die Lernportion 2.

Nun machst du in allen Heften die Lernportion 3.

Genauso bearbeitest du alle anderen Lernportionen.

1 Nomen für Menschen und Dinge ordnen

1 Ordne die Nomen für Menschen und Dinge.

eine Wolke | das Baby
der Kapitän | eine Sandburg
das Netz | das Mädchen
die Eisverkäuferin | ein Buch
ein Mann | die Taucherin
die Sonnenbrille | der Fischer
die Sonne | das Meer
der Schwimmring | die Frau

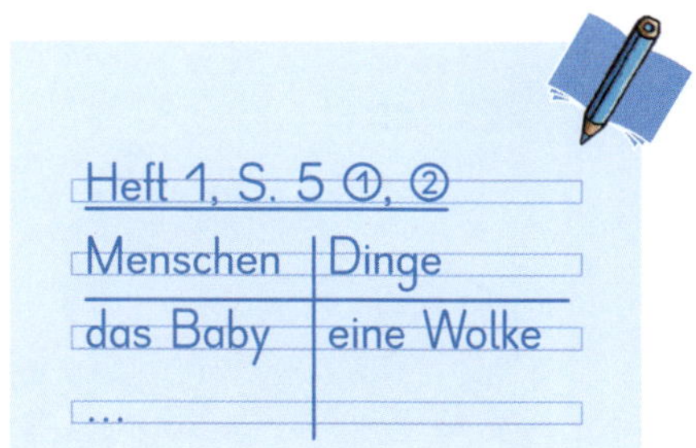

2 Finde weitere Nomen zum Thema **Ferien**.
Ergänze die Tabelle.

1 Nomen für Tiere und Pflanzen ordnen

1 Lies den Text. Finde alle Nomen.

DER WALD IST WIE EIN HAUS.
AUF DEM **WALDBODEN** WACHSEN
MOOS UND FARN. DORT WOHNEN
MAUS, HAMSTER UND DACHS.
IN DER **KRAUTSCHICHT** WACHSEN GRAS,
FARN UND SPRINGKRAUT. SIE IST DIE HEIMAT
VON HASE, IGEL UND SCHMETTERLING.
IN DER **GEHÖLZSCHICHT** STEHEN
EICHE, BUCHE UND KIEFER.
SIE BIETET WOHNUNG FÜR
WALDKAUZ, BUCHFINK
UND KUCKUCK.
WAS IST WOHL DAS DACH?

Heft 1, S. 6 ① □↓□↑
der Wald, …

2 Ordne die Nomen für Tiere und Pflanzen.
Schreibe den Artikel dazu.

3 Suche weitere Waldtiere oder Waldpflanzen
im Bild. Ergänze die Tabelle.

Heft 1, S. 6 ②, ③

Tiere	Pflanzen
die Maus	das Moos
…	

1 Nomen in Einzahl und Mehrzahl bilden

1 Untersuche mit einem Partnerkind,
wie die Mehrzahl von Nomen gebildet wird.

ein Schrank viele Schränke	ein Buch viele Bücher	eine Tafel viele Tafeln
eine Tür viele Türen	ein Besen viele Besen	ein Radiergummi viele Radiergummis

Heft 1, S. 7 ①
ein Stuhl – viele Stühle

ein Stuhl ______	ein Heft ______	ein Kind ______	eine Tasche ______	ein Eimer ______
ein Sofa ______	ein Foto ______	eine Lampe ______	ein Kissen ______	eine Zeitschrift ______

2

1 Besondere Formen der Mehrzahl entdecken

ein Atlas
viele Atlasse oder
viele Atlanten

ein Luftballon
viele Luftballons oder
viele Luftballone

ein Globus
viele Globen oder
viele Globusse

ein Lexikon
viele Lexika oder
viele Lexiken

ein Monitor
viele Monitore oder
viele Monitoren

one book
many books

one poster
many posters

one boy
many boys

one girl
many girls

one child
many children

one desk
many desks

one pencil
many pencils

one computer
many computers

one CD
many CDs

1 Zu einigen Nomen gibt es zwei mögliche Mehrzahlwörter.
Tausche dich mit einem Partnerkind über die Unterschiede aus.

2 Schreibe die Wörter in der Einzahl und
in der von dir gewählten Mehrzahlform auf.

Heft 1, S. 8 ②
der Globus – die ...

3 Lest die englischen Wörter in der Einzahl und
in der Mehrzahl. Was fällt euch bei den Endungen auf?

1 Nomen für Gefühle kennenlernen

1 Wörter für **Gefühle** sind auch Nomen.
Deshalb schreibe ich sie groß:
die Freude, der Schreck.

2

3 Schreibe die Nomen mit Artikel auf.
Beginne mit deinem Lieblingsgefühl.

Heft 1, S. 9 ③
…

1 Pronomen kennenlernen

1 Die Wörter ich, du, er, sie, es, wir, ihr, sie sind **Pronomen**.
Pronomen können Nomen ersetzen: **Lina** hat Ferien. **Sie** besucht Opa.

2 Lies den Text. Suche die Pronomen.

Das ist Lina.

Sie hat die Ferien bei ihrem Opa verbracht.

Er ist mit Lina in den Zoo gegangen. Sie haben die Tiere beobachtet.

Lina hat der Zoobesuch sehr gut gefallen.

„Das sollten wir öfter machen“, hat sie gesagt.

Auf dem Rückweg haben Opa und Lina noch ein Eis gegessen.

Es hat prima geschmeckt.

3 Schreibe den Text ab.
Unterstreiche die Pronomen.

Heft 1, S. 10 ③ ☐↓☐↑
Das ist Lina. Sie …

4 Spielt das Pronomenspiel. Würfelt reihum.
Klatscht schnell auf ein passendes Nomen.

1 Pronomen richtig zuordnen

1 Lies die Sätze. Ergänze die Pronomen in Gedanken.
Schreibe die Nomen und Pronomen als Paare ins Heft.

Heft 1, S. 11 ①
Die Elefantenkuh – sie,
das Elefantenbaby – …

Die Elefantenkuh kümmert sich um ihr Junges.
▢ gibt ihm zu trinken.

Das Elefantenbaby ist noch sehr klein.
▢ lebt immer bei der Herde.

Elefanten leben auch in Afrika.
▢ wandern sehr weit.

Der Elefant ist ein großes Tier.
▢ wiegt fast sieben Tonnen.

Meine Freunde und ich mögen Elefanten.
▢ beobachten sie oft im Zoo.

2 Lies den Text einem Partnerkind vor.
Ersetze die Bilder im Text durch Pronomen.

Im Elefantengehege

Die Elefanten sind sehr unruhig.

 bekommen gleich ihr Futter.

Der Tierpfleger bringt heute Äste, frisches Gras und Gemüse.

Schnell schließt  die Tür auf.

„Jetzt könnt  euer Futter holen!“, ruft .

Vor dem Gehege steht eine Besucherin mit ihrem Baby.

 schaut den Elefanten zu und strampelt.

Die Mutter beruhigt :

„ bekommst auch gleich deinen Brei.“

Danach gehen  weiter.

3 Schreibe den Text in dein Heft.
Unterstreiche die Pronomen.

Heft 1, S. 11 ③
Im Elefantengehege
…

→ AH Seite 6

1 Zusammengesetzte Nomen bilden

1 Finde die zusammengesetzten Nomen.
Unterstreiche den
großen Anfangsbuchstaben.

Heft 1, S. 12 ①
die Hand, der Schuh = der Handschuh
...

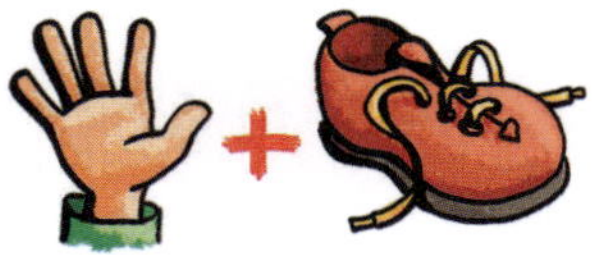

die Hand der Schuh

der Sand die Burg

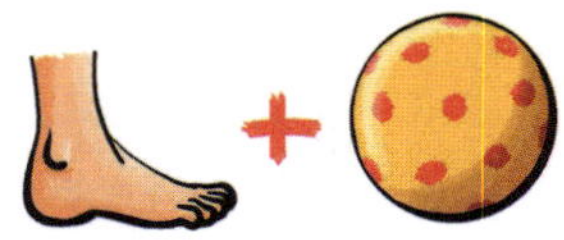

der Fuß der Ball

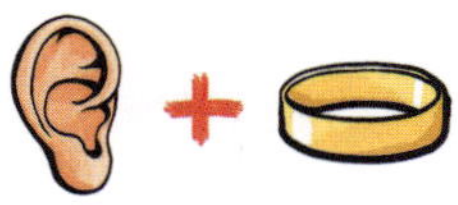

das Ohr der Ring

das Eis der Würfel

der Regen die Jacke

2 Bilde die zusammengesetzten Nomen.
Schreibe sie in dein Heft.
Markiere den eingefügten Buchstaben.

Heft 1, S. 12 ②
das Katzenfutter, ...

die Katze	die Limonade		
die Schnecke	das Schild	das Glück	das Futter
der Frühling	das Haus	die Tomate	der Käfer
der Verkehr	die Soße	die Zitrone	die Zwiebel

3 Besprecht die Besonderheiten der zusammengesetzten Nomen.

Hundeleine | Tagesplan | Tagebuch | Kindergarten | Kleiderschrank

→ AH Seite 7

1 Artikel bei zusammengesetzten Nomen bestimmen

1 Bei zusammengesetzten Nomen richtet sich der Artikel immer nach dem letzten Nomen:
die Kürbis**suppe** – der Kürbis, **die Suppe**.

2 Bestimme den Artikel bei den zusammengesetzen Nomen.

Kürbiskern
Fledermaushöhle
Hexenhaus
Spinnennetz
Knoblauchzehe
Suppentopf
Mondschein
Geisterstunde
Hexenspruch
Feuerschein
Kürbissuppentopf
Kirchturm
Besenstiel
Spinnennetzfaden
Geistertanz

3 Findet zusammengesetzte Nomen, die aus mindestens drei Nomen bestehen.
Schreibt sie mit Artikel auf.

1 Über das eigene Lernen nachdenken

Am Ende einer Lernportion ist es sinnvoll, dass du dir Gedanken zu deinem Lernen machst. Dazu findest du in den nächsten Lernportionen weitere Ideen und Anregungen.
Wenn du in allen 4 Heften die Lernportion 1 bearbeitet hast, wird deine erste Lernraupe vollständig sein.
Mit der Zeit entstehen mehrere Lernraupen.

1 Betrachte mit einem Partnerkind die abgebildete Lernraupe.

a) Findet heraus, was in der Raupe, den Wolken und den Blättern aufgeschrieben wird.

b) Besprecht, wie dieses Kind seinen Lernerfolg einschätzt. Begründet eure Meinung.

2 Beginne deine Lernraupe auf einer Doppelseite. Wähle mindestens 2 Raupenglieder für deine Lernraupe aus.

1 Über das eigene Lernen nachdenken

Gedanken zu meinem Lernen

… Nomen für Menschen und Dinge ordnen.

… Nomen für Tiere und Pflanzen ordnen.

… Nomen in Einzahl und Mehrzahl bilden.

… besondere Formen der Mehrzahl entdecken.

… Nomen für Gefühle erkennen.

… Pronomen erkennen und verwenden.

… zusammengesetzte Nomen bilden.

… Artikel bei zusammengesetzten Nomen bestimmen.

Was hat dir beim Lernen in Lernportion 1 gefallen?

Ich fand toll, …

Mir hat fast alles gefallen, besonders …

2 Passende Verben finden

1 Schreibe auf, was die Kinder in der Pause tun. Unterstreiche die Verben.

Heft 1, S. 16 ①
Emil klettert nach oben.

2

2 Passende Verbformen bilden

1 **Verben** stehen im **Wörterbuch** in der Grundform.
Die Grundform hat am Ende ein **-en**.
In **Texten** stehen die Verben oft in der **Personalform**.
Die Endung zeigt, wer etwas tut:
ich geh**e**, du geh**st**, er/sie/es geh**t**, wir geh**en**, ihr geh**t**, sie geh**en**.

2 Schreibe die vier Verben in der Grundform auf.

Emilia geh**t** in die Klasse 3b.

Sie back**t** gerne Pfannkuchen.

Sie spiel**t** Fußball.

Sie lieb**t** alle ihre Hobbys.

Heft 1, S. 17 ②

Personalform	Grundform
sie geht	gehen
…	

3 Schreibe die Verben **kommen** und **hören** in der Grundform und in allen Personalformen auf. Unterstreiche die Endung.

er, sie, es hört | ihr kommt

ihr hört | ich höre

er, sie, es kommt | wir hören

du kommst | du hörst

sie kommen | ich komme

sie hören | wir kommen

Heft 1, S. 17 ③

kommen	hören
ich komm<u>e</u>	ich hör<u>e</u>
du komm<u>st</u>	du …
er, sie, es …	er, sie, es …
wir …	wir …
ihr …	ihr …
sie …	sie …

I play, you play, he/she/it plays,
we play, you play, they play

2 Wortstamm und Endung erkennen

1 Verben haben einen **Wortstamm** und eine **Endung**.
Der Wortstamm bleibt meist gleich:
trinken – ich trinke, singen – du singst, rennen – er rennt.

2 Immer drei Verbformen gehören zusammen.
Schreibe sie auf. Unterstreiche den Wortstamm.

malen	sie träumt	singen
ich gehe	er geht	er baut
gehen	er malt	sie singt
ich träume	ich singe	ich baue
träumen	bauen	ich male

Heft 1, S. 18 ②
malen – ich male – er malt
…

3 Schreibe die Sätze mit den Personalformen von **spielen** auf.
Unterstreiche den Wortstamm.

Heft 1, S. 18 ③ □↓□↑
Mama spielt mit Moritz Federball.
…

Im Freibad

Mama ___ mit Moritz Federball.
Wir ___ auf der Decke.
Ich ___ mit Murat Ball.
Lukas ___ Fußball.
Max und Lea ___ Ball.
Das Baby ___ mit der Rassel.
Die Kinder ___ alle im Wasser.

2 Personalformen finden

1 Ordne die Pronomen einem Verb in der passenden Personalform zu.

ich | du | er | sie | es | wir | ihr | sie

malt | spielt | gehst | komme | schreiben | rennt | trinkt | holen

Heft 1, S. 19 ①
ich komme, …
…

2 Wählt ein Spiel aus. Setzt die Verben abwechselnd in den passenden Formen ein.

Zwei Spiele für Regenpausen

a) Jeder Spieler ___ seine Hände und ___ mit seinen Armen einen Ring, der zu seinen Füßen ___. Alle Mitspieler ___ auf ein Zeichen durch ihren Armring, ohne dass sie die Hände ___. Wer das ___, ___ das Ganze rückwärts.

falten | bilden | zeigen | steigen | lösen | schaffen | probieren

b) Ein Spielpartner ___ seine Hände und ___ die Finger. Er ___ die Hände so nach oben, dass er seine Finger ___. Zwei Kinder ___ abwechselnd auf einen Finger. Der Spielpartner ___, diesen zu ___. Das Spiel ___ nicht, wenn jemand die Finger ___.

kreuzen | falten | drehen | sehen | zeigen | versuchen | bewegen | funktionieren | berühren

3 Wähle ein Spiel von 2 aus. Schreibe den Text vollständig ab. Unterstreiche im Hefteintrag den Wortstamm der Verben.

Heft 1, S. 19 ③ □↓□↑
Jeder Spieler faltet seine Hände …

→ AH Seite 14

2 Verbformen ergänzen

1 Bei manchen Verben verändert sich der Wortstamm:
schlafen – er **schläf**t, **les**en – du **lies**t.

2 Schreibe die Verben auf, die sich im Wortstamm verändern.

essen | laufen | es hält | sie wäscht | erschrecken | er tanzt | sie erschrickt | stehen | halten | er isst | du stehst | waschen | du läufst | tanzen

Heft 1, S. 20 ②
essen – er isst, …

3 Schreibe den Text ab und setze die richtigen Verbformen ein.

Die Klasse 3b ___ (machen) heute einen besonderen Ausflug. Der Förster ___ (führen) die Kinder durch den Wald. Maxi ___ (sehen) gleich zu Beginn ein Reh. Alle Kinder ___ (halten) an und ___ (schauen) dem Reh zu, wie es kleine Zweige ___ (fressen). Plötzlich ___ (erschrecken) es und ___ (rennen) schnell davon.

Heft 1, S. 20 ③ ☐↓☐↑
Die Klasse 3b macht heute …

2 Das Verb **sein** in seinen Formen kennenlernen

1 Schreibe den Text ab und setze die richtige Form von **sein** ein. Unterstreiche sie.

Heft 1, S. 21 ① ☐↓☐↑
Frederik und Jonas <u>sind</u> …

Frederik und Jonas ___ beste Freunde.
Manchmal haben sie auch Streit.
Dann sagt Jonas: „Ich ___ nicht mehr dein Freund."
Dann ___ Frederik beleidigt und antwortet: „Du ___ gemein."
Jonas Mama beschwichtigt: „Hört auf zu streiten,
zusammen ___ ihr viel stärker."

2 Macht euch gegenseitig Komplimente.
Schreibt sie auf kleine Karten.

Verben mit Vorsilben zusammensetzen

Vorsilben wie ab-, auf-, aus-, be-, ein-, ver-, vor- kannst du vor Verben stellen. Vorsilben verändern die Bedeutung von Verben: auffahren, verfahren

1 Bilde zusammengesetzte Verben mit **fahren**. Unterstreiche die Vorsilbe.

auf / vor / ab / ver — hin / weiter / weg — fahren

Heft 1, S. 22 ①
auffahren, …

2 Schreibe auf, was Murat tut. Unterstreiche die Vorsilbe.

auf / ab — schreiben

vor / ver — tragen

ein / ver — schenken

ein / aus — gießen

Heft 1, S. 22 ②
1 abschreiben:
Murat schreibt eine
Geschichte ab.
2 …
Er …

3 Schreibe mindestens drei Sätze mit zusammengesetzten Verben aus **2**.

Heft 1, S. 22 ③
…

2 Verben nach Wortfeldern ordnen

1 Ordne die Verben nach den Wortfeldern **essen** und **sagen**.

Heft 1, S. 23 ①

Wortfeld essen	Wortfeld sagen
löffeln, …	…

2 Ordne die Wörter des Wortfelds **gehen**.

a) langsam gehen: b) schnell gehen:

schlendern	laufen	kriechen
humpeln	bummeln	wandern
spazieren	marschieren	flitzen
schleichen	rennen	trödeln

Heft 1, S. 23 ②

a) langsam gehen: schlendern …

b) schnell gehen: laufen …

3

→ AH Seite 15

2 Nomen und Verben zusammensetzen

1

Aus Verben und Nomen entstehen zusammengesetzte Nomen.
Dabei verändern sich die Verben.
Zusammengesetzte Nomen schreibe ich groß:
das Stinktier: stinken + das Tier.

2 Lies den Text. Finde mindestens sechs zusammengesetzte Nomen aus Verb und Nomen.

Heft 1, S. 24 ② □↓□↑
die Schleichkatze:
schleichen + die Katze, …
…

Die Klasse 3b war gestern im Zoo.
Lisa und Tim fanden die Schleichkatzen toll,
Alex und Serkan waren bei den Wanderratten
und den Stinktieren. Hanna und Nam haben
einen Brüllaffen und einen Springbock
gesehen. Max erzählt von der Klapperschlange,
die eine Springmaus gepackt hatte. Einige Kinder
haben ein Quiz über Singvögel gemacht.

3 Finde zusammengesetzte Nomen.
Schreibe sie mit Artikel auf.

Heft 1, S. 24 ③
schauen + das Bild =
das Schaubild, …
…

schauen | turnen | rollen | fahren

wühlen | hüpfen | schreiben

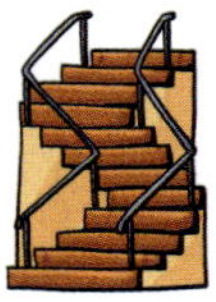

4 Denkt euch noch mehr zusammengesetzte Wörter aus.
Das erste Wort soll ein Verb sein.

2 Über das eigene Lernen nachdenken

Beginn:

Ich kann …

2

Gedanken zu meinem Lernen

… passende Verben finden.

… passende Verbformen bilden.

… Wortstamm und Endung erkennen.

… Personalformen finden.

… Verbformen ergänzen.

… das Verb **sein** in seinen Formen erkennen.

… Verben mit Vorsilben zusammensetzen.

… Verben nach Wortfeldern ordnen.

… Nomen und Verben zusammensetzen.

Wie schätzt du dein Lerntempo ein?

Ich kann zügig arbeiten, wenn …

Manchmal fällt es mir schwer, bei der Arbeit zu bleiben …

3 Zeitformen von Verben kennenlernen

1 **Die Zeitformen von Verben** zeigen, wann etwas geschieht.
- in der **Gegenwart** (= heute): Antonia **spielt** Klavier.
- oder in der **Vergangenheit** (= früher): Julia **spielte** Geige.

2 Ergänze die Verben. Schreibe die Verben in Gegenwart und Vergangenheit auf.

Heft 1, S. 26 ②
1 hören – hörten, …
…

hören | fahren | schrieben | wuschen | dürfen | fuhren | hörten | schreiben | waschen | durften

1 Heute hören die meisten Menschen Musik auf CDs an.
Früher ___ viele Menschen Musik auf Schallplatten.

2 Heute dürfen alle Kinder in die Schule gehen.
Früher ___ oft nur die Jungen in die Schule gehen.

3 Heute ___ die Menschen mit dem Auto.
Früher ___ die Menschen mit Kutsche und Pferd.

4 Heute ___ die Menschen ihre Wäsche mit der Waschmaschine.
Früher ___ die Menschen ihre Wäsche von Hand.

5 Heute ___ die Menschen oft eine SMS oder eine E-Mail.
Früher ___ die Menschen einen Brief.

3 Suche dir zwei Bilderrahmen aus. Schreibe zu jedem zwei Sätze darüber, wie es früher war und heute ist.

Heft 1, S. 26 ③
Früher …
Heute …

3 Gegenwart und Vergangenheit von Verben bilden

1 Schreibe die Verben in der Vergangenheitsform auf.
Notiere daneben die Verben in der Gegenwart.

Heft 1, S. 27 ① □↓□↑
es gab – es gibt
sie arbeiteten – …

Damals und heute auf der Baustelle

Früher gab es für die Arbeit kaum Maschinen.
Die Menschen arbeiteten zusammen.
Beim Hausbau mussten sie alle anpacken.
Die ganze Familie und auch die Nachbarn halfen mit.
Es gab noch keinen Kran, der die Materialien transportierte. Die Zimmerleute zogen die Balken von Hand auf das Dach. Dann schlugen sie Holznägel ein. Das ganze Dach deckten sie mit Schieferplatten ein.

2 Vergleiche, wie die Menschen früher auf der Baustelle arbeiteten und wie sie heute arbeiten.

Heft 1, S. 27 ②
Früher fuhren sie die Steine im Schubkarren.
Heute fahren sie den Kies mit dem Muldenkipper.

3 Zeitformen von Verben üben

1 Bei manchen Verben verändert sich in der Vergangenheit der Wortstamm: wir **se**hen – wir **sa**hen. Diese Verben werden starke Verben genannt.

2 Immer drei Verbformen gehören zusammen. Schreibe auf.

schreien | sehen | es hilft | kommen

er sprach | ich schreie | sie gossen

rufen | sie gießen | ihr kommt | sie isst

gießen | wir riefen | du siehst | ich schrie

es half | ihr kamt | er spricht | wir rufen

sprechen | essen | du sahst | helfen | sie aß

Heft 1, S. 28 ②

Grundform	Gegenwart	Vergangenheit
schreien	ich schreie	ich schrie
…		

3 Schreibe die Wörter mit ihrer Grundform auf.

halfen stand schwamm lag aß
wusste blieb bekam ließ fuhr

Heft 1, S. 28 ③
halfen – helfen,
stand – stehen,
…

4 Setze die Abzählverse in die Gegenwartsform. Lies sie einem anderen Kind vor.

Da war eine feine Dame,
die kratzte sich am Arme,
die kratzte sich am Po,
such du den Floh!

Eine kleine Dickmadam
fuhr mit einer Eisenbahn.
Eisenbahn, die krachte,
Dickmadam, die lachte.
Fiel zum Wagen raus –
und DU bist aus.

→ AH Seite 23

3 Verben in der Vergangenheit bilden

① Schreibe den Text ab und setze die Verben in der Vergangenheit ein.

Heft 1, S. 29 ① □↓□↑
Früher trugen die Jungen kurze Hosen.
...

Schule früher

Früher ___ (tragen) die Jungen kurze Hosen.
Das ___ (sein) nicht nur im Sommer so.
Im Winter ___ (ziehen) sie dazu dicke Strümpfe an
und ___ (machen) sich auf den Weg in die Schule.
Die Mädchen ___ (gehen) mit Kleidern in die Schule.
Oft ___ (binden) sie noch eine Schürze darüber.
In der Schule ___ (sitzen) Mädchen und Jungen oft getrennt.
Die Kinder ___ (bringen) den Lehrerinnen und Lehrern oft Eier, Hühner und Hasen mit. Die Lehrerinnen ___ (schenken) den Kindern schöne Fleißbildchen.

② Schreibe mindestens sechs Vergangenheitsformen mit einem passenden Pronomen auf. Ergänze die Grundform.

Heft 1, S. 29 ②

Vergangenheit	Grundform
er wusste	wissen
sie ...	

wusste | stand | lag | war | saß
hatte | sagte | trank | las | ging
glaubte | blieb | fuhr | aß | ließ
kratzte | bekam | halfen | fragte

③

Über das eigene Lernen nachdenken

Beginn:

Ich kann
...

3

Gedanken zu meinem Lernen

... Zeitformen von Verben erkennen.

... Verben in der Gegenwart und Vergangenheit unterscheiden.

... Verben in der Vergangenheit bilden.

...

Wie hast du mit anderen Kindern zusammengearbeitet?

Ich arbeite gern mit ______________ zusammen, weil ...

Manchmal arbeite ich gern allein, weil ...

4 Mit Adjektiven beschreiben

1 Erfindet Tierrätsel.
Jedes Kind beschreibt ein Tier mit zwei Adjektiven.
Das Rätsel ist schwerer, wenn du als Erstes ein Adjektiv wählst, das auf mehrere Tiere zutrifft, z. B. **gestreift**.

weiß | schwer | gestreift | gefährlich | grau | scheu | stark | schnell

Heft 1, S. 31 ②
Tiger: Das Fell ist gestreift.
Er ist sehr gefährlich.
Zebra: Das Fell ist gestreift.
Es ist scheu.
...

2 Schreibe für zwei Tiere ein Rätsel auf.

3 Wähle ein Tier.
Finde zu jedem Buchstaben ein passendes Adjektiv zu dem Tier.

Katze	Hund	Eule
Fuchs	Hase	Hamster

kuschelig
anschmiegsam
treu
zimperlich
eigensinnig

hungrig
ungezogen
niedlich
dünn

4 Gegensatzpaare finden

lang | einfarbig | dunkel | neu

sauber | kurz | bunt | alt

breit | hell | schmutzig | schmal

1 Sieh dir Tommis und Pauls Hosen an.

a) Ordne die passenden Adjektive zu.

b) Verbinde die Gegensatzpaare.

Heft 1, S. 32 ①

Tommis Hose	Pauls Hose
lang	kurz
...	...

2 Suche das Gegenteil.
Schreibe die Wortpaare auf.

Heft 1, S. 32 ②
leicht – schwer, ...

Was leicht ist, ist nicht ▭.
Was weich ist, ist nicht ▭.
Was warm ist, ist nicht ▭.
Was schnell ist, ist nicht ▭.
Was sauber ist, ist nicht ▭.

kalt

hart

schmutzig

schwer

langsam

3

Ameise | Wal | Schnecke | Elefant | Löwe

4 Adjektive anpassen

1 Finde passende Adjektive zu den Nomen.
Du kannst die Adjektive mehrfach verwenden
oder eigene finden.

Heft 1, S. 33 ①
Lola hat einen schicken Hut.
Sie hat ...

Schuhe | Milch | Zahnpasta | Saft | Tennisschläger | Tasche
Fahrrad | Buch | Computer | CD | Marmelade

schick | lecker | bunt | spannend | süß | gesund | stabil
schnell | weiß | groß | leistungsfähig

2

4 Adjektive mit -ig und -lich bilden

1 Aus Nomen kann ich mit den Wortbausteinen **-ig** oder **-lich** Adjektive bilden:
der Mut – mut**ig**; das Glück – glück**lich**.

2 Bastelt ein Merkspiel.

a) Faltet ein blaues und ein grünes Blatt Papier mehrmals, bis 16 Felder entstanden sind.

b) Beschriftet die 16 Felder auf dem blauen Papier mit den Nomen.

der Schatten	der Wind	der Mut	der Schmutz
der Hunger	das Gewitter	der Witz	die Sonne
der Friede	der Durst	die Ruhe	der Kleber
der Freund	der Nebel	das Glück	der Schreck

c) Bildet zu den Nomen Adjektive mit der passenden Endung **-ig** oder **-lich**. Tragt die Adjektive in die Felder auf dem grünen Papier ein.

d) Zerschneidet eure Papiere entlang der Faltlinien in Kärtchen.

3 Gestaltet mit eigenen Ideen weitere Kärtchen und ergänzt euer Spiel.

4

→ AH Seite 30

4 Adjektive mit -ig und -lich verwenden

1 Lies die Sätze abwechselnd mit einem Partnerkind laut vor.
Setzt **-ig** und **-lich** richtig ein.

Am Nordpol

Professor Gerneklug und sein Assistent Moritz machten Station am Nordpol. Als sie morgens ihr Lager verlassen wollten, stand ein schreck★ großer Eisbär davor. Gemüt★ kam der Bär auf sie zugetrottet. Sie wussten, Eisbären sind sehr angriffslust★, wenn sie hungr★ sind. Moritz begann bitter★ zu weinen. Auch dem Professor war das Ganze sehr unheim★. Wir sind verloren, dachte er. Doch der Bär schnüffelte nur neugier★ am Zelt und trottete dann fried★ weiter. Gerade noch mal gut gegangen!

2 Ordne die Wörter mit **-ig** oder **-lich** in eine Tabelle.

schwier- | hungr- | nütz- | flüss- | biss- | glück- | traur- | freund- | richt- | empfind- | schmutz- | gefähr- | fett- | sonn- | ängst-

Heft 1, S. 35 ②

-ig	-lich
schwierig	nützlich
…	…

3 Wähle jeweils vier Adjektive mit **-ig** oder **-lich** aus und bilde Sätze.

Heft 1, S. 35 ③

-ig: Heute ist ein sonniger Tag. …
-lich: Meine Lehrerin ist freundlich. …
…

Mit Adjektiven vergleichen

1 **Mit Adjektiven** kann ich Menschen, Tiere, Pflanzen oder Dinge **vergleichen**. Adjektive haben eine Grundstufe und zwei Vergleichsstufen.

Beispiel:
Nick ist **groß**. (Grundstufe)
Lena ist **größer als** Nick. (1. Vergleichsstufe)
Franjo ist **am größten**. (2. Vergleichsstufe)

2 Betrachte die Siegertreppchen und schreibe auf, was die Kinder über sich sagen.

Heft 1, S. 36 ②
a) Ali: …

a)

b)

3 Schreibe Vergleichssätze mit dem Adjektiv **gut** und seinen Vergleichsstufen **besser**, **am besten**.

Heft 1, S. 36 ③
Naciye ist gut im Weitsprung.
Johanna ist besser …

Wettkampfkarte	Johanna
Weitsprung:	2,80 m
Weitwurf:	20,20 m
50-m-Lauf:	10 s

Wettkampfkarte	Luna
Weitsprung:	2,90 m
Weitwurf:	15,10 m
50-m-Lauf:	9 s

Wettkampfkarte	Naciye
Weitsprung:	2,70 m
Weitwurf:	15,90 m
50-m-Lauf:	8 s

→ AH Seite 31

4 Vergleichsstufen von Adjektiven verwenden

1 Untersucht, wann man mit **als** und wann man mit **wie** vergleicht.

Wer ist wer?

Jana ist größer als Kai.
Mika ist genauso groß wie Jana.
Laya ist noch größer als Mika.
Kamil ist am größten.

2 Schreibe Vergleichssätze in dein Heft.
Unterstreiche die Vergleichswörter.

Heft 1, S. 37 ②
Der Turm ist höher als der Baum.
Der Baum ist genauso hoch wie …

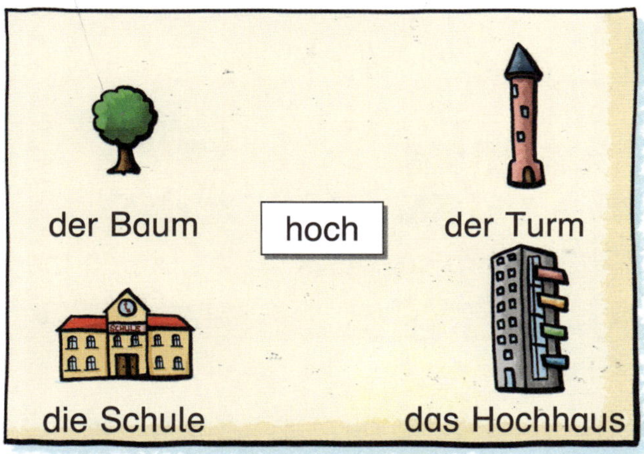

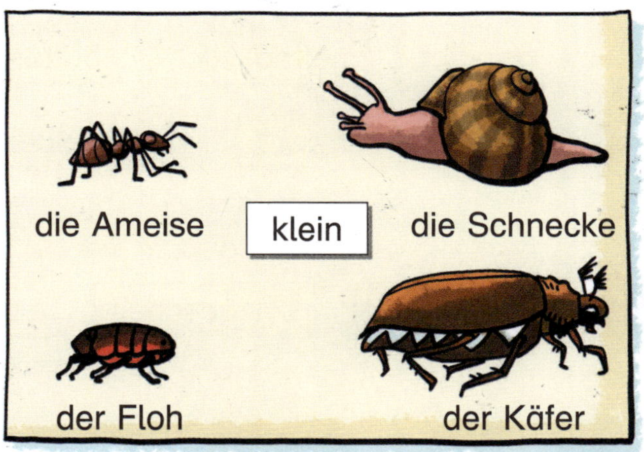

3 Setze die Namen passend in die Sätze ein. Finde alle Möglichkeiten.

___ hat mehr Buchstaben als ___.
___ hat genau so viele Buchstaben wie ___.
___ hat am meisten Buchstaben.

4 Erfinde eigene Rätsel. Lass ein Partnerkind deine Rätsel lösen.

4 Adjektive zusammensetzen

1 Bilde gemeinsam mit einem Partnerkind die zusammengesetzten Adjektive.
Erklärt ihre Bedeutung.

 weiß

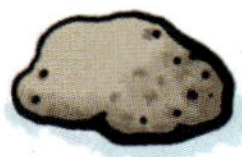 hart

 grün

 leicht

süß

 rund

 glatt

 kalt

2 Finde Gegensatzpaare.

strohdumm | hauchdünn | nagelneu

armdick | potthässlich | butterweich

rabenschwarz | zwergenklein

bildschön | steinhart | schneeweiß

riesengroß | blitzgescheit | steinalt

Heft 1, S. 38 ②
strohdumm – blitzgescheit, …
…

Sharp as a tack
blitzgescheit

As old as the hills
steinalt

3 Bilde Adjektive aus Verb und Adjektiv.

tropfen | sauber | pflegen

nass | kuscheln

leicht | faul

blitzen | weich | schreiben

Heft 1, S. 38 ③
tropfen + nass = tropfnass
…

→ AH Seite 32

4 Zusammengesetzte Wörter erkennen

1 Trenne die zusammengesetzten Nomen.

Singvogel | Spitzmaus | Rothirsch

Brennnessel | Wildschwein

Springkraut | Grünspecht | Fliegenpilz

Heft 1, S. 39 ①

Verb + Nomen	Adjektiv + Nomen
singen + der Vogel:	...
der Singvogel	
...	

2 Schreibe mindestens fünf zusammengesetzte Nomen und fünf zusammengesetzte Adjektive auf.

Heft 1, S. 39 ②

Nomen	Adjektive
Burgfestung	...
...	

Die Sage von der Burg Reußenstein

Der baumlange Riese Heim wollte eine Burgfestung bauen. Da rief er mit ohrenbetäubender Stimme ins Tal: „Wer von euch Menschenzwergen will mir helfen, eine Burg zu bauen?“ Es erschienen zahlreiche Handwerker und nahmen die vielfältige Arbeit freudig auf, denn der steinreiche Riese versprach reichlichen Lohn. Bald stand auf dem Felsgestein eine riesengroße Burg. Nur am winzig kleinen Klappfenster im haushohen Aussichtsturm fehlte noch ein Nagel. Der hochherzige Riese versprach demjenigen, der den Nagel einschlüge, besonders reichen Lohn. Alles staunte, als ein todesmutiger Bursche es wagte, den Eisennagel einzuschlagen. Der großzügige Riese beschenkte den jungen Burschen reichlich.

4 Über das eigene Lernen nachdenken

Beginn:

Ich kann …

4

Gedanken zu meinem Lernen

… mit Adjektiven beschreiben.

… Gegensatzpaare finden.

… Adjektive anpassen.

… Adjektive mit -ig und -lich bilden.

… Adjektive mit -ig und -lich verwenden.

… mit Adjektiven vergleichen.

… die Vergleichsstufen von Adjektiven verwenden.

… Adjektive zusammensetzen.

… zusammengesetzte Wörter erkennen.

Wie sorgfältig hast du gearbeitet?

Es gelingt mir gut, sorgfältig zu schreiben, wenn …

Wenn ich meine Schrift betrachte, denke ich …

5 Aussagesätze und Ausrufesätze erkennen

1

Nach einem **Aussagesatz** steht ein **Punkt**:
Der Ball rollt auf die Straße.
Nach einer **Aufforderung** oder einem **Ausruf** steht ein **Ausrufezeichen**:
Beeilt euch!

2 Lies einem Partnerkind den Text langsam vor.
Mache nach jedem Aussagesatz eine Lesepause.
Schreibe die fünf Aussagesätze auf.

Heft 1, S. 41 ②
Der See ist zugefroren.
...

DER SEE IST ZUGEFROREN DIE KINDER FREUEN SICH EINIGE FAHREN MIT IHREN SCHLITTSCHUHEN TIM IST GERADE HINGEFALLEN ZUM GLÜCK IST NICHTS PASSIERT

3 Ordne jedem Kind den passenden Ausrufesatz zu.

Heft 1, S. 41 ③
Tim: ...!
...

4 Spielt die Szene nach. Malt dazu ein Warnschild.
Denkt euch einen passenden Ausrufesatz aus.

5 Fragesätze bilden

1 Am Ende einer **Frage** steht ein **Fragezeichen**: Wie alt bist du ?

2 Finde die Fragesätze. Setze Fragezeichen am Satzende.

Heft 1, S. 42 ②
Wie alt bist du?
Wohin ...

3 Ergänze bei den Fragen das Fragewort.
Ordne jedem Fragesatz
den passenden Antwortsatz zu.

Heft 1, S. 42 ③
Wer kommt mit zum Spielplatz?
Ich komme mit. ...

Wer | Wo | Was | Warum | Wie | Wohin

▢ kommt mit zum Spielplatz? ▢ fahren wir in den Ferien?
▢ ist meine Brille? ▢ wollen wir machen? ▢ geht es dir?
▢ bist du nicht mitgekommen?

Wir fahren an die Ostsee. | Sie liegt auf dem Tisch. | Danke, mir geht es gut.
Ich komme mit. | Ich hatte einen Zahnarzttermin. | Wir können ein Spiel spielen.

→ AH Seite 37

5 Bei Aufzählungen Kommas setzen

1 Wenn Wörter aufgezählt werden, dann muss ein **Trennzeichen** dazwischen: das **Komma**.
Ich packe meinen Rucksack und nehme
eine Mütze, eine Sonnenbrille, Handschuhe und ein Buch mit.

2

3 Schreibe zehn Dinge auf, die du ins Schullandheim mitnehmen willst.

Heft 1, S. 43 ③
Ich nehme …
ins Schullandheim mit.

→ AH Seite 38

Satzzeichen passend verwenden

1 Betrachte das Bild.

a) Was passiert?
Schreibe mindestens vier Aussagesätze.

b) Überlege, was auf dem roten Warnschild steht.
Male es auf. Notiere dazu einen Ausrufesatz.

c) Was könnten die Leute sagen oder fragen?
Schreibe es auf.

Heft 1, S. 44 ①
a) Aussagesätze:
Ein Ball rollt auf die Straße.
...

2 Spielt Szenen aus dem Bild ausdrucksvoll nach.

5 Über das eigene Lernen nachdenken

Beginn:

5

Gedanken zu meinem Lernen

... Aussagesätze und Ausrufesätze erkennen.

... Fragesätze bilden.

... bei Aufzählungen Kommas setzen.

... Satzzeichen passend verwenden.

...

Wie schätzt du deinen Lernerfolg ein?

Über diese Lernfortschritte freue ich mich sehr: ...

Ich möchte mich noch ... verbessern.

6 Die wörtliche Rede kennenlernen

1

Was tatsächlich gesprochen wird, nennt man **wörtliche Rede**.
Davor stehen **Anführungszeichen** unten, danach stehen sie oben.
„Ich verstehe nicht, warum ich Englisch lernen soll.“

2 Wähle einen Witz aus.
Schreibe ihn mit Anführungszeichen in dein Heft.

Heft 1, S. 46 ②
Sohn: „Ich verstehe nicht, …
Vater: „…
…

Vater und Sohn

Sohn: Ich verstehe nicht,
warum ich Englisch lernen soll.

Vater: Aber Kind, die halbe Welt spricht Englisch!

Sohn: Ja eben! Genügt das nicht?

David und der Hund

David: Würden Sie den Hund mal streicheln?

Frau: Aber gern. Du magst den Hund sicher sehr.

David: Das ist doch nicht mein Hund.
Ich wollte nur wissen, ob er beißt!

Zwei Hennen

Sagt die eine Henne zur anderen: Letzte Nacht hatte ich
mindestens 40 Grad Fieber.

Fragt die andere: Woher weißt du das?

Meint die erste: Heute Morgen hab ich
ein gekochtes Ei gelegt.

6 Einen Redebegleitsatz verwenden

1

Der **Redebegleitsatz** gibt an, **wer** spricht.
Nach dem Redebegleitsatz steht ein **Doppelpunkt**:
Marie ruft: „Das war ein Tor!“

2 Schreibe jeden Ausruf als wörtliche Rede mit Begleitsatz auf.
Denke an passende Verben für **sagen**.

rufen | protestieren | meinen | brüllen

bitten | jammern | schreien | meckern

schimpfen | denken | fragen | antworten

Heft 1, S. 47 ②
Marie ruft: „Das war ein Tor!“
…

→ AH Seite 45

6 Redebegleitsatz und wörtliche Rede erkennen

1 Schreibe den Text ab.
Unterstreiche die Redebegleitsätze.
Markiere die Anführungszeichen farbig.

Heft 1, S. 48 ①
Es treffen sich zwei Spatzen.
Fragt der eine: „Was ...
...

Es treffen sich zwei Spatzen.
Fragt der eine: „Was sollen wir unternehmen?"
Darauf der andere: „Lass uns zum Bodensee fliegen."
Fragt der erste: „Wo treffen wir uns?"
Meint sein Freund: „Auf der Eiche am Hafen."
Darauf der erste: „Gut, flieg schon mal voraus,
ich hab noch was zu erledigen."

Der eine Spatz fliegt zum Treffpunkt. Endlich, nach drei Stunden,
trifft sein Freund ein. Er fragt: „Wo warst du so lange?"
Da meint der andere Spatz: „Ach, ich dachte,
bei dem schönen Wetter gehe ich zu Fuß."

2 Lest den Text mit verteilten Rollen.

6 Wörtliche Rede schreiben

1 Denke dir für jede Sprechblase einen Begleitsatz aus. Schreibe den Begleitsatz und die wörtliche Rede auf. Setze die richtigen Zeichen.

stottern | flüstern | prahlen | erklären | sagen

Heft 1, S. 49 ①
Mug fragt: „Was machen wir, wenn wir cool sind, Leo?“
…

Mug und Leo: Ab heute sind wir cool

Was machen wir, wenn wir cool sind, Leo?

Wenn wir zwei Coole sind, dann schauen wir uns Filme an, für die wir eigentlich noch zu klein sind.

Filme mit Monstern und Vampiren und so?

Coole schauen nur Filme, bei denen ihnen das Blut in den Adern gefriert.

Wa-, wa-, warum tun sie das?

Weil ihnen dann vor Angst die Haare zu Berge stehen und das sieht so was von cool aus, Mann!

Susann Opel-Götz

2 Schreibe auf, wie das Gespräch zwischen Leo und Mug weitergehen könnte. Was tun Coole noch? Verwende dazu passende englische Wörter.

checken | happy | easy | cool

Heft 1, S. 49 ②
Leo sagt: „Wenn wir zwei cool sind, dann …

6 Über das eigene Lernen nachdenken

Beginn:

Ich kann …

6

Gedanken zu meinem Lernen

… die wörtliche Rede erkennen.

… einen Redebegleitsatz erkennen.

… Redebegleitsätze verwenden.

… in der wörtlichen Rede schreiben.

…

Was hat dir beim Lernen geholfen?

Leicht fand ich, dass …

Manche Aufgaben fand ich schwierig, z. B. …

7 Satzglieder kennenlernen

1

Ein Satz besteht aus mehreren Satzteilen.
Man nennt sie **Satzglieder**.
Satzglieder können aus **einem Wort** oder **mehreren Wörtern** bestehen.

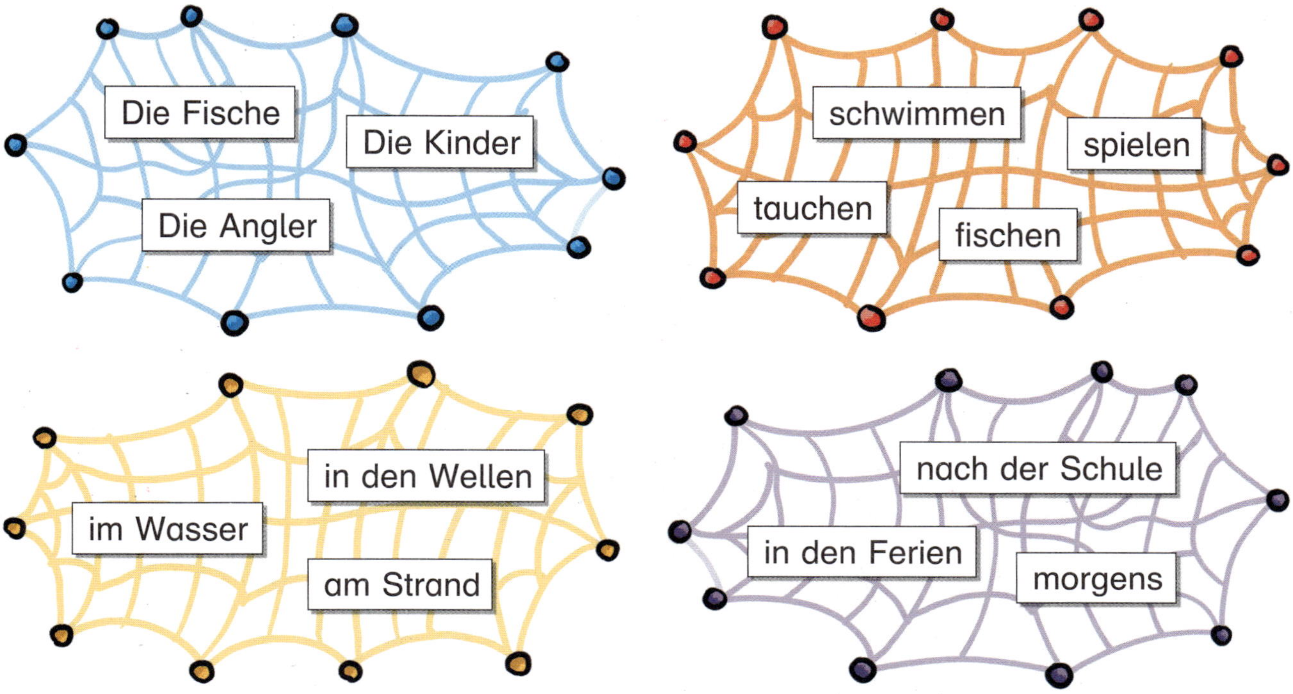

2 Baue Sätze nach diesen Farbmustern.

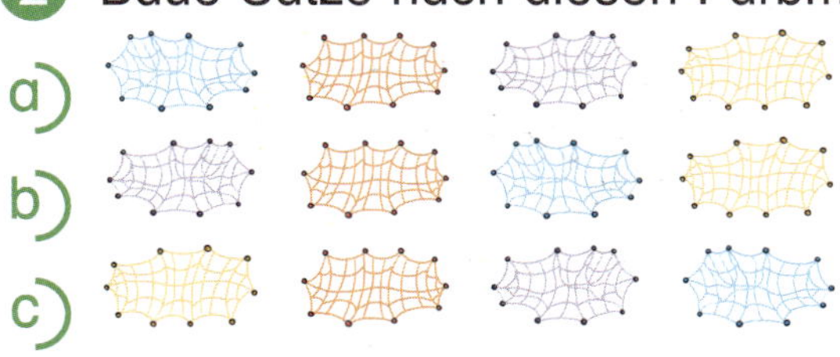

3 Finde das Farbmuster zu diesen Sätzen.

a) Die Surfer | surfen | abends | in den Wellen.

b) Mittags | toben | die Hunde | am Hundestrand.

c) Im Strandkorb | sitzen | nachmittags | viele Urlauber.

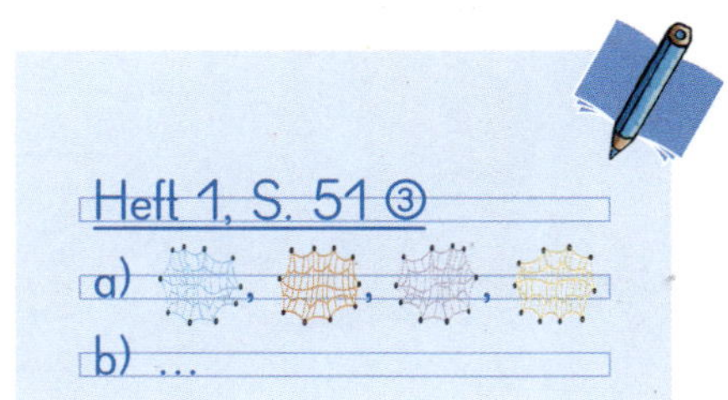

7 Satzglieder umstellen

1 Die Wörter eines Satzgliedes bleiben beim Umstellen zusammen.

Paulina und Jana	gehen	heute	in den Zoo.
Heute	gehen	**Paulina und Jana**	in den Zoo.
In den Zoo	gehen	heute	**Paulina und Jana**.
Gehen	**Paulina und Jana**	heute	in den Zoo?

2 Sucht einen Satz aus und schreibt ihn auf einen langen Papierstreifen. Schneidet die Satzglieder auseinander.

Paulina und Jana	gehen	heute	in den Zoo.	
Die Mädchen	besuchen	am liebsten	die Affen.	
Später	beobachten	beide	die Seehunde.	
Jana und Paulina	spazieren	danach	zu den Pinguinen.	
Zum Abschluss	essen	sie	im Café	ein Eis.

3 Verschiebt die Satzglieder. Bildet so viele Sätze wie möglich.

Wenn das Verb am Satzanfang steht, entsteht eine Frage. Vergiss das Fragezeichen am Satzende nicht.

4 Klebt einen Satz aus 3 auf. Denkt an das Satzzeichen. Stellt euch gegenseitig eure Ergebnisse vor.

7 Nach dem Subjekt fragen

1

Satzglieder haben Namen.
In jedem Satz gibt es ein **Subjekt**.
Das Subjekt sagt, **wer** oder **was** etwas tut.
Nach dem **Subjekt** frage ich mit **Wer ...?** oder **Was ...?**.
Alle Kinder freuen sich auf die Ferien.
Wer freut sich auf die Ferien? **Alle Kinder.**
Das Wetter ist sommerlich.
Was ist sommerlich? **Das Wetter.**

2 Schreibe zu jedem Satz die Frage nach dem Subjekt auf.

Heft 1, S. 53 ② □↓□↑
1 Wer freut sich auf die Ferien?
...

1 **Alle Kinder** freuen sich auf die Ferien.

2 Seit Wochen ist **das Wetter** sommerlich.

3 In der Pause spielen **sie** im Freien.

4 **Die Lehrerin und die Kinder** stapeln die Schulbücher.

5 Im Schulhof macht **die Lehrerin** ein Klassenfoto.

6 In der letzten Stunde singt **der Chor** Sommerlieder.

7 In den nächsten Wochen ist **das Schulhaus** fast leer.

3 Bilde zu den Sätzen die Fragen nach dem Subjekt.
Schreibe sie mit der Antwort auf.

Heft 1, S. 53 ③
1 ...

1 Im Klassenzimmer repariert der Hausmeister Tische und Stühle.

2 Die Sekretärin kopiert die neuen Schülerlisten.

→ AH Seite 50

7 Nach dem Prädikat fragen

1 In jedem Satz gibt es auch ein **Prädikat**.
Das **Prädikat** sagt aus, **was jemand tut** oder **was geschieht**.
Die Zuschauer feuern die Kinder an.
Was tun die Zuschauer? Sie **feuern** die Kinder **an**.
In der Pause regnet es.
Was geschieht in der Pause? Es **regnet**.

2 Schreibe zu jedem Satz die Frage nach dem Prädikat auf.

Heft 1, S. 54 ② □↓□↑
1 Was ...?
2 ...

1 Das Fußballspiel **beginnt** am Nachmittag.

2 Die Zuschauer **feuern** die Kinder **an**.

3 Der Schiedsrichter **pfeift** das Spiel.

4 In der Pause **regnet** es.

5 Die Haare und die Trikots **tropfen**.

6 Bald **verzieht sich** der Regen.

7 In der zweiten Halbzeit **fallen** vier Tore.

8 Alle **gehen** erschöpft nach Hause.

3 Schreibe die Sätze ab und markiere das Prädikat.
Bilde zu den Sätzen die Fragen nach dem Prädikat.

Heft 1, S. 54 ③
1 ...

1 Nach dem Spiel essen die Kinder Pizza.

2 Am nächsten Samstag spielen sie auf einem anderen Platz.

7 Subjekt und Prädikat erkennen

1 Lest die Geschichte abwechselnd Satz für Satz.
Entscheidet euch bei jedem Satz für eine Möglichkeit.

Vor langer Zeit lebte einst

[ein Bauer] [ein Prinz] [ein König].

Ganz alleine wohnte er

[in einem Schloss] [in einer Hütte] [in einem Stall].

Eines Tages

[fand er] [stahl er]

[einen Schatz] [einen Stein] [einen Ring].

Die

[junge Prinzessin] [kluge Fee] [Zauberin]

[lachte] [schimpfte] [weinte sehr].

Sie wollte ihn nicht

[heiraten] [verzaubern] [küssen].

Da packte er alles

[in eine Kiste] [in eine Tüte] [in eine Kutsche].

Er

[fuhr] [verschwand] [rannte]

[in den Wald] [auf einen Berg] [in eine Höhle].

Und wenn er nicht gestorben ist, dann lebt er dort noch immer.

2 Schreibe selbst eine Entscheidungsgeschichte.
Unterstreiche Subjekt und Prädikat.

Heft 1, S. 55 ①, ②
Vor langer Zeit lebte
einst ein ...

7 Subjekt und Prädikat verwenden

1 Stellt euch gegenseitig Subjekt- und Prädikatfragen zum Bild.

2 Bilde mindestens vier Sätze. Schreibe sie ins Heft. Markiere Subjekt und Prädikat.

Heft 1, S. 56 ②
Anna und Nico rennen um die Wette. …

	spielen	mit dem Ball.
	klettern	um die Wette.
Anna und Nico	hüpfen	mit Pia und Lukas.
Sie	werfen	auf dem Trampolin.
	rennen	an der Sprossenwand.

3 Schreibe die Spielbeschreibung ins Heft. Unterstreiche in jedem Satz Subjekt und Prädikat.

Heft 1, S. 56 ③ □↓□↑
In der Pause spielen viele Kinder …

In der Pause spielen viele Kinder zusammen ein Fangspiel.
Das Spiel funktioniert nur bei Sonnenwetter. Ein Kind fängt.
Der Fänger berührt den Schatten eines Mitspielers mit dem Fuß.
Dieser Mitspieler scheidet aus.

7 Über das eigene Lernen nachdenken

Beginn:

Ich kann
. . .

7

Gedanken zu meinem Lernen

... Satzglieder umstellen.

... nach dem Subjekt fragen.

... nach dem Prädikat fragen.

... Subjekt und Prädikat erkennen.

... Subjekt und Prädikat verwenden.

Was wünschst du dir für dein Lernen?

Ich hatte noch folgende Idee: ...

Dies sind meine Lieblingsaufgaben: ...

8 Sich in verschiedenen Sprachen begrüßen

Hello!
How do you do?

Salut!
Bonjour!

Ciao!
Buon giorno!

Merhaba!
Iyi günler!

You want to play with me?
Yes, of course.

Tu veux jouer avec moi?
Oui, bien sûr.

Vuoi giocare con me?
Si, certo.

Benimle oynarmisin?
Evet.

1 Erforsche mit den Sprachforscherideen verschiedene Sprachkärtchen.
Du kannst dir mehrere Ideen aussuchen.

- die Sprache bestimmen
- euch über die Aussprache informieren
- euch begrüßen und ansprechen
- neue Sprechbausteine lernen
- die Bedeutung in unsere Sprache übersetzen
- die unterschiedlichen Sprachen vergleichen
- weitere Sprachen ergänzen

8 Die Briefmarken- und Poststempelsprache lesen

1 Sieh dir den Umschlag genau an.
Beantworte die Fragen.

a) Wie viel hat die Briefmarke gekostet?

b) Wann wurde der Brief abgeschickt?

c) Aus welchem Land kommt der Brief?

Heft 1, S. 59 ①
a) … ct

2 Gestalte selbst einen Briefumschlag mit
Anschrift und Absender und deiner Briefmarke.

8 Eine Bilderschrift erproben

Die Indianer verständigten sich mit Zeichen und Bildern.

1 Suche dir drei Zeichen aus.
Male sie ab und schreibe die Bedeutung dazu.

Heft 1, S. 60 ①
...

2 Erfinde eigene Zeichen.

Heft 1, S. 60 ②
...

3 Erprobe die Bilderschrift.

a) Schreibe eine Geschichte auf.
Du kannst dazu deine Zeichen und die Zeichen der Abbildung oben verwenden.

b) Lass ein Partnerkind deine Geschichte vorlesen.

Heft 1, S. 60 ③
...

→ AH Seite 56

8 Dialekt und Hochsprache vergleichen

D'Bäure hot d'Katz verlora

schwäbisches Volksgut

1. D'Bäure hot d'Katz verlora, weiß net, wo s'isch;
   se sucht alle Winkela aus: Mulle, Mulle, wo bisch?
2. Im Höfle, im Gärtle, was jammert se schwer:
   O Mulle, liebs Mulle, so gang mr doch her!
3. Koch dir a Süpple, tua Brocka dran ei,
   o Mulle, liebs Mulle, komm doch wieder heim!
4. Was fällt jetzt d'Bäure ganz siedigheiß ei?
   Dort oba ufam Boda, im Heu drin könnt's sei!
5. Se steiget herzklopfet am Leiterle nauf,
   ka's fast net verschnaufa, macht's Falltürle auf!

1 Lest euch den Text gegenseitig vor.

2 Gestaltet ein eigenes Wörterbuch Schwäbisch – Hochdeutsch.

3 Suche dir ein Lied oder Gedicht in deinem Dialekt aus, das dir gefällt. Trage es einem Partnerkind vor.

8 Bezeichnungen für Tiere sammeln

1 Ordne die Namen dem passenden Bild zu.

Heft 1, S. 62 ①
Katze: Mulle, ...
Kaninchen: ...

Mulle | Karnickel | Bunny | Mieze | Hoppel | Kätzle | Klopfer
Kaninchen | Katerle | Langohr | Katze | Meister Lampe

2 Sucht euch ein Tier aus.
Gestaltet dazu ein Poster.
Stellt der Klasse euer Poster vor.

8 Über das eigene Lernen nachdenken

Gedanken zu meinem Lernen

... Begrüßungen in verschiedenen Sprachen spielen.

... die Briefmarken- und Poststempelsprache lesen.

... eine Bilderschrift erproben.

... Dialekt und Hochsprache vergleichen.

... Bezeichnungen für Tiere sammeln.

Sieh dein grünes Heft noch einmal gründlich durch. Nutze alle Ideen aus den vergangenen Lernportionen.

Einsterns Schwester 3

Themenheft 1
Sprachgebrauch und Sprache untersuchen und reflektieren

Herausgegeben von: Roland Bauer, Jutta Maurach

Erarbeitet von: Annette Schumpp, Jutta Sorg

Auf der Grundlage der Ausgabe von: Annette Rothfuß

Fachliche Beratung exekutive Funktionen: Dr. Sabine Kubesch, INSTITUT BILDUNG plus, im Auftrag des ZNL TransferZentrum für Neurowissenschaften und Lernen, Ulm

Begutachtung: Katrin und Peter Bertram (Mühlenbeck), Angelika Fischer (Weiterstadt), Claudia Hoeschen (Kappeln), Ines Kewitz (Rastatt), Sybille Maier-Alvarez del Cid (Achern), Julia Schäfer (Gießen)

Redaktion: Sabine Gerber, Mirjam Löwen

Illustration: Yo Rühmer, Frankfurt am Main

Umschlaggestaltung: Cornelia Gründer, agentur corngreen, Leipzig

Layout und technische Umsetzung: lernsatz.de

fex

fex steht für *Förderung exekutiver Funktionen*. Hierbei werden neueste Erkenntnisse der kognitiven Neurowissenschaft zum spielerischen Training exekutiver Funktionen für die Praxis nutzbar gemacht. **fex** wurde vom **ZNL TransferZentrum für Neurowissenschaften und Lernen** *(www.znl-ulm.de)* an der Universität Ulm gemeinsam mit der **Wehrfritz GmbH** *(www.wehrfritz.com)* ins Leben gerufen. Die Cornelsen Schulverlage haben in Kooperation mit dem ZNL ein Konzept für die Förderung exekutiver Funktionen im Unterrichtswerk *Einsterns Schwester* entwickelt.

www.cornelsen.de

Aus didaktischen Gründen wurden Texte gekürzt/bearbeitet.

1. Auflage, 5. Druck 2021

Alle Drucke dieser Auflage sind inhaltlich unverändert
und können im Unterricht nebeneinander verwendet werden.

ISBN 978-3-06-083568-3 (Themenheft Leihmaterial)
ISBN 978-3-06-084244-5 (E-Book Einsterns Schwester 3 Leihmaterial)

Dieses Heft ist Bestandteil des Pakets „Einsterns Schwester 3“ (ISBN 978-3-06-083567-6)
und kann auch einzeln bestellt werden.

Inhalt gedruckt auf säurefreiem Papier aus nachhaltiger Forstwirtschaft.